LES LARMES ET CLAMEVRS

DES CHRESTIENS,

François de nation, Captifs en
la ville d'Alger en Barbarie.

ADDRESSE'ES

A LA REYNE REGENTE,
Mere de LOVIS XIIII.
Roy de France & de Nauarre.

Par le R. P. LVCIEN HERAVT, Religieux de la
Congregation reformée de l'Ordre de la
Trinité & redemption des Captifs,
Procureur desdits Esclaues.

A PARIS,

Chez Denys Houssaye, au mont sainte
Geneuiefue, prés le College de Laon.

M. DC. XLIII.

A
LA REYNE
REGENTE.

ADAME,

L'heureux regne de voſtre Maieſté ſur tous les François, eſt vn image du gouuernement de Dieu ſur tous les hommes, qu'il a créés par ſa puiſſance, ordonnés par ſa ſageſſe, & les conduit heureuſement par ſa bonté: ainſi la nature & la vertu, vous ayans mis le ſceptre des

François en main, l'amour vous en fait prendre le foin & la Regence, auec tant de douceur, que tout le monde en eſt rauy: n'y ayant rien de trop haut pour voſtre Maieſté, rien auſſi de trop bas pour voſtre Royalle bonté. Que ſi Dieu fait par ces regards des bien-heureux dãs le Ciel, les voſtres en font de meſme ſur la terre: ils changent les plus grandes miſeres en felicitez, lors qu'elles ont le bon-heur de receuoir vne œillade de voſtre Maieſté. I'en ay fait, MADAME, l'experience ces iours paſſés, lors que reuenant de Barbarie auec cinquante Captifs racheptez des mains des Infidelles par l'ordre du defunt Roy, voſtre tres-cher & honnoré eſpoux, i'eu en rencontre voſtre Maieſté en la ruë Saint Antoine qui alloit au Monaſtere Sainte Marie, laquelle teſmoigna par ces regards pleins de douceurs & de compaſſion, la ioye qu'elle auoit de voir les mẽbres de Ieſus-

Christ racheptez de la cruauté *&* tyrannie des Barbares. Et ce mesme tour ils furent presentés aux pieds du Roy son cher fils, lequel prenant plaisir de les voir, *&* les considerant attentiuement *&* bien long-temps, sembloit former vn deßein dans son cœur d'aller luy-mesme (comme vn autre Saint Louys) chastier l'insolence de ces Barbares, qui traittent si inhumainement ses pauures subiets.

Ce fut, MADAME, dans ce Palais Royal, ou plustost dans ce Paradis terrestre que ces pauures Captifs changerent leurs miseres en felicité, par les regards de la plus accomplie image que Dieu aye sur la terre : pendant lequel bon-heur, i'attendois vostre Majesté reuenir de ce Seminaire des Vierges pour me ietter à ses pieds, ainsi qu'à vn Autel, pour luy offrir, auec vne infinité d'actiõs de graces, les despoüilles remportées sur

les ennemis de noſtre ſainte Religion: &
enſemblement les iuſtes prieres de plus
de deux mille François qui ſont reſtez
dans les priſons d'Alger, de tout ſexe, de
tout aage & condition: parmy les ſouf-
frances, qui ont beaucoup de rapport
auec celles d'Enfer; outre le danger où
ils ſont de s'y plonger pour iamais, re-
nians noſtre ſainte Foy à force de tourmens, comme il ſe void tous les iours. Ce
que n'ayans peu pour lors repreſenter à
voſtre Maieſté, ie le fais maintenant
par cette humble requeſte : en ſuite de laquelle, i'ay mis le traitté aduantageux
que i'ay fait auec le Baſcha dudit Alger,
& les noms d'vne partie de vos ſubiets,
qui y ſont pour le preſent Eſclaues en ladite Ville, & deſquels i'ay peu auoir çon-
noiſſance auec vne plainte d'iceux, qu'ils
addreſſent aux pieds de voſtre clemence
& Royalle bonté, qu'elle daignera re-
garder, s'il luy plaiſt, d'vn œil fauorable

& compatir aux miseres de ces pauures
infortunés; & principalement la neceffité de mon compagnon Religieux qui y
eſt demeuré en hoſtage, & eſt en danger
d'eſtre bruſlè tout vif, (ſelon la couſtume
ordinaire) ſi dans l'année qui acheuera
au mois de Iuin prochain, il n'eſt deliuré.

Voilà, MADAME, de nobles
ſuiets pour exercer voſtre bonté &
Royalle liberalité; & dequoy pour im-
primer dans le ieune cœur du Roy, des
Iuſtes ſentimens de vengeance contre ces
Barbares, & de compaſſion à l'endroit
de ces pauures vaſſaux; Imitant en cela
la tres-pieuſe Mere de Saint Louis, qui
donnoit à ſon Fils de ſemblables aduis:
& ce faiſant, MADAME, vous
dreſſerez, auec le Roi voſtre cher fils, vn
Empire ſur la terre qui ne ſera point in-
digne du Ciel, ains aians vaincu vos ennemis, & changé le croiſſant en fleur de
Lis, vous ferez ce que Dieu ſouhaitte, &

vostre Regne ne sera point dissemblable au sien, mais tres-heureux sur la terre, & vn iour eternel dans le Ciel. C'est le sauhait,

MADAME,

De vostre tres-humble tres-obeis-
sant & tres-fidel suiet

F. LVCIEN HERAVT.

COPPIE DV TRAITTÉ

fait le premier du mois de Mars 1643. entre le Bascha & le Diuan d'Alger, auec les Religieux reformez de l'Ordre de la sainte Trinité & redemption des Captifs.

A SA MAIESTÉ ROYALE.

AYANS veu & reconneu l'intention de voftre Majefté, fuiuant ce que nous ont fait entendre les peres Religieux qui font venus en cefte ville, à deffein de traitter, qui eft que nous fiffions bon paffage à l'aumofne de voftre Royaume: & ce faifant nous feroit apporté pour rachepter les vaffaux de voftre Majefté: ce que nous accordons & affeurons à ce qu'ils puiffent venir fans aucune deffiance n'y apprehenfion, qu'il leur foit fait mauuais paffage: & pour plus de feureté, nous auons faits ce noftre fauf-conduit en la forme & maniere qui s'enfuit.

B

En ceste ville le dixiefme iour du mois de Mars, & de noftre année 1652. qui s'accorde auec le 1. du mois de Mars de l'année 1643. de voftre Royaume, font venus traitter pour l'aumofne le pere Lucien & le pere Boniface, pour la parolle, & moyen defquels, nous accordons de bailler ce fauf-conduit, affeurant par la noftre comme vaffaux fidels & leaux denoftre grand Seigneur, què tout ce qui eft compris dans ice-luy leur fera octroyé & accomply, qui eft ce qui s'enfuit.

Que venant l'aumofne, ou les aumofnes, rencontrans quelque embarquement de cefte noftre ville, comme vaffaux, galeres, fayties, où carauelles, ne doiuent auoir aucune crainte ou défiance d'eux, d'autant que nous l'auons ainfi commandé à nos Capitaines.

Que lors qu'elle viendra, fi pourfuiuant fon voyage, il fuccede, comme il peut arri-uer, que par mauuais temps elle relafche en quelque port ou fortereffe des noftres, & qu'elle ayt befoin de viures, & autres ne-ceffités, nous auós commãdé à nos vaffaux qu'ils les leur donne pour leur argent, & qu'il ne leur foit faite aucune molefte.

Que lors que l'aumofne, ou les aumofnes,
arriueront en cefte ville, & qu'ils rache-
pteront des Efclaues, ils ne payeront au
Bafcha plus de vingt pieces de huit pour
chafcun, & au Gardien du port vne reale de
huit, & à l'Armin du Bafcha vne reale de
huit, & à l'Allybechy de la doüanne vne
piece de huit, & à la Caffane, qui eft le cha-
fteau de la ville, trois realles pour tefte, &
à Maiftre Mouffé deux realles & demy de
huit pour tefte, & au truchement vn
realle de huit.

Pour les droits de l'entrée il fe payera vi.
pour cent pour le port, & au Bafcha & à
fon Armin huit & demy pour cent, c'eft en
tout neuf pour cent; & ce qui eft cy-deffus
mentionné s'entend pour la fortie des Efclaues.

Nous auons commandé fuiuant la cou-
ftume, qu'ils emporteront quatre Efclaues
de la doüane & non plus, & vn de l'Aga,
qui pour lors fera dans la chaire, auec quoy
fe concluent tous autres droits, exceptez
les cy deffus mentionnés.

Nous auons commandé aux fermiers des
Cuirs & Cires, qu'ils ne puiffent par force
bailler ny cuirs ny cires, eftant argent

des Efclaues.

Nous promettons fous noftre parolle qu'au Pere Redempteur qui refte en cette noftre ville, que perfonne nefera fi ofé, de l'offenfer d'effets ny de parolles à peine de chaftiment; ny qu'aucun le puiffe par force obliger à rachepter quelque Efclaue, fi ce n'eft la volonté, defdits Peres Redempteurs.

Que fi entre les Chreftiens qui feront racheptés, il arriue quelque excés ou defordre, les feuls Peres Redempteurs en prédront connoiffance, fans qu'aucune juftice y puiffe voir; Et s'ilarriue en voftre Royaume (comme il peut eftre) que preniez aucuns de nos nauires, pour cét effet & confideration le rachapt ne fera point retenu, & ne luy fera fait aucun mauuais paffage, mais receura au contraire toute la courtoifie poffible.

Toutes ces conditions fe font faites pardeuant noftre Confeil & Diuan, & promettons les bien accomplir & fidelement, comme l'on verra par les effects lors que Dieu aura amené ladite aumofne, lequel garde voftre Majefté. Fait les an & jour que deffus.

Traduit de langue Turquesque en François par le commandement du sur. Inten-
dant des Fabriques d'Alger, Signé *Ally
Hommera*, fils du Maistre Mousse, és pre-
sences du truchement Morat.

LES LARMES ET SOV-
PIRS DE DEVX MILLE
François, Esclaues dans l'enfer
d'Alger en Barbarie.

A LA REINE REGENTE
Mere de *LOVIS XIV.*
Roy de France & de Nauarre.

ADAME,

La Maxime qui ne donne point de loix à
la necessité est receuë communement d'vn
chascun, & ce dautant plus que l'extre-

...mité la porte dans le danger du falut eternel : ainfi qu'il arriue ordinairement aux
vaffaux de voftre Majefté, qui croupiffent
miferablement dans l'horrible efclauage
des cruels ennemis du nom Chreftien.
Cette mefme neceffité addreffe aux pieds
de fa clemence & Roylle bonté, les lar-
mes & foupirs de plus de deux mille Frá-
çois de nation Efclaues en la feule ville
d'Alger en Barbarie, ou és montagnes voi-
fines : à l'endroit defquels s'exercét les plus
grádes cruautés que l'efprit humain puiffe
excogiter, & les feuls efprits infernaux in-
uenter.

Ce n'eft pas, MADAME, vne fimple
exaggeration, ains vne verité trop con-
neuë, non feulement de ceux qui ont tra-
uerfé les mers, & moüillé l'ancre auec
quelque bon heur dans cette terre barbare
de nos cruels ennemis : mais encore beaucoup mieux de ceux, qui par malheur font
tombés dans les griffes de ces Monftres
Affriquains, & qui ont reffenty, comme
nous, leur iufernalle cruauté, pendant le
long fejour d'vne dure captiuité ; les ri-
gueurs de laquelle nous experimétons de
jour en iour par des nouueaux tourmens:

la faim, la foif, le froid, le fer, & les gibets,
ont efté autrefois les inftrumens des plus
cruels & dénaturés bourreaux du monde
contre les premiers Chreftiens, mais il eft
certain que les Turcs & Barbares enche-
riffent aujourdhuy par deffus tout cela, in-
uentans journellement de nouueaux tourmens, contre ceux qui perfiftent coura-
geufement en la confeffion de noftre fain-
cte Religion, ou qu'ils veulent miſera-
blement proftituer; notâment à l'endroit
de la jeuneffe, captiue de l'vn & l'autre
fexe, afin de la corrompre à porter à des
pechés fi horribles & infames, qu'ils n'ont
point de nom, & qui ne fe commettent que
parmy ces monftres & furies infernales : &
ceux qui refiftent à leurs brutales paffions,
font écorchez & dechirez à coups de ba-
ftons, les pendans tous nudsà vn plancher
par les pieds, leur arrachant les ongles des
doigts, bruflant la plante des pieds auec
des flambeaux ardens, en forte que bien
fouuent ils meurent en ce tourment.

Aux autres plus aagés ils font porter des
chaifnes de plus de cent liures de poids, lef-
quelles ils traifnent miferablement par
tout où ils font contrains d'aller : & ce pe-

sant fardeau est d'ordinaire pour les riches de qui ils esperent vne bonne rançon, & apres tout cela si l'on vient à manquer au moindre coup de siflet ou au moindre signal qu'ils font, pour executer leurs commandemens, nous sommes pour l'ordinaire bastonnez sur la plante des pieds, qui est vne peine intollerable, & si grande, qu'il y en a bien souuent qui en meurent: & lors qu'ils ont condamné vne personne à six cent coups de bastons, s'il vient à mourir apparauant que ce nombre soit acheué, ils ne laissent pas de continuer ce qui reste sur le corps mort.

Les empalements sont ordinaires, & le crucifiment se pratique encore parmy ces maudits barbares, en ceste sorte: ils attachent le pauure patient sur vne maniere d'eschelle, & luy clouent les deux pieds, & les deux mains à icelle, puis apres ils dressent ladite Eschelle contre vne muraille en quelque place publique, où aux portes & entrées des villes pour la plus grande confusion du nom Chrestien; & demeurent ainsi quelque fois trois & quatre iours à languir sans qu'il soit permis à aucun de leur donner soulagement.

D'autres

D'autres sont écorchéz tous vifs, & quantitez de bruslez à petit feu, specialement ceux qui blasphement ou mesprisent leur faux Prophete Mahomet ; & à la moindre accusation & sans autre forme de procez, sont traisnez à ce rigoureux supplice, & là attachez tout nuds auec vne chaisne à vn poteau, & vn feu lent tout autour rangé en rond, de vingt cinq pieds ou enuiron de diametre, afin de les faire rostir à loisir, & ce pendant leur seruir de passe-temps: d'autres sont accrochez aux tours ou portes des villes, à des pointes de fer, où bien souuent ils languissent fort long temps.

Nous voions souuent de nos compatriots mourir de faim entre quatre murailles, & dans des trous qu'ils font en terre, où ils les mettent tout vif, & perissent ainsi miserablement. Depuis peu s'est pratiqué vn genre de tourment nouueau à l'endroit d'vn jeune homme de l'Archeuesché de Rouen pour le contraindre aquitter Dieu & nostre saincte Religion, pour laquelle il fut enchaisné auec vn cheual dans la campagne, l'espace de vingt-cinq iours, à la merci du froid & du chaud & quantitez d'autres incommoditez, lesquelles ne pou-

uant plus supporter fit banqueroute à nostre saincte loy.

Mille pareilles cruautez font apostasier
bien souuent les plus courageux, & mesme les plus doctes & sçauans : ainsi qu'il
arriua au commencement de cette pre-
sente année en la personne d'vn Pere Ia-
cobin d'Espagne, lequel retenu Captif, &
ne pouuant supporter tant de miseres, fit
profession de la loy de Mahomet, en laquelle il demeura enuiron six mois ; pendant lesquels il fut combattu d'vne infinité
de remors & regrets de cette infame apo-
stasie, auec laquelle il auoit scandalisez plus
de trente mille Chrestiens esclaues de
toutes nations ; & réjouy infiniment les
Turcs & Mahometans, notamment les
miserables renegats, qui sont en grand
nombre en ce maudit enfer d'Alger : enfin
apres tant de confusion qu'il receuoit de
tous costéz : specialement de sa propre
conscience, contre laquelle il auoit peché,
& delaissé la vraye Religion, seulement
pour se deliurer de tant de tourmens, il se
resolu à estre bruslé tout vif, qui est le supplice ordinaire de ceux qui renoncent à
Mahomet : & alla trouuer le Mouffety, qui

eſt le grand Preſtre, & lui dit hardiment
que ſa Religion eſtoit fauſſe, & qu'il auoit
mille regrets de l'auoir profeſſée, au meſ-
priſde la Religion Chreſtienne, pourla-
quelle il eſtoit preſt de mourir & d'expoſer
mille vies pour icelle: en apres il alla trouuer le Baſcha, & luy en dit autant, iettât par
terre ſon Caffetan & ſon Turban, lui don-
nant vn piaſtre pour achepter du bois à le
bruſler; en ſuite dequoy il fut ietté en vne
priſon obſcure & infame, où durant trois
iours il ne fit que pleurer ſa faute, deman-
dant à Dieu la grace de pouuoir mourir en
icelle.

Le Baſcha voiant qu'il continuoit er ſa
reſolution, le fit conduire au ſupplice, où il
alloit ioyeuſement, portant vne couronne
d'étouppe en forme de Thiare ſur ſa teſte,
& vne Croix de bois au deſſus; & ainſi
chargé d'opprobres & injures, tant des
Turcs que des Mores, & meſme des Renegats, qui le ſollicitoient auec mille faulſes
promeſſes de perſeuerer en leur maudite
Religion, il fut roſty à petit feu vn peu hors
de la ville prés le Cimitiere des Chre-
ſtiens; leſquels peu apres allerent ſoigneu-
ſement rechercher ſes ſainctes reliques

& offemens, & trouuerent la plus part de
fon corps entier que le feu auoit efpargné,
& le cacherent dans vn tonneau & quelque
temps, apres l'apporterent dans la ville fe-
crettement, où nous l'honnorons comme
vn vray Martyr. Et en effect, MADAME,
nous pouuons dire affeurément qu'il fait
beaucoup de miracles, & que nous receuős
vne grande confolation de fes fainctes reliques.

Nous n'aurions jamais fait, & nous fe-
rions trop importuns enuers voftre Majefté, de raconter icy toutes les miferes &
calamitez que nous fouffrons: il fuffit de
dire que nous fommes icy traittez comme
de pauures beftes, vendus & reuendus aux
places publiques à la volonté de ces inhu-
mains, lefquels puis apres nous traittent
comme des chiens, prodiguans noftre vie,
& nous l'oftans, lors que bon leur femble;
& en vn mot ils croyent gaigner des indul-
gences & rendre de grands facrifices à Mahomet, quand ils tourmentent & affligent
quelques Chreftiens.

Tout cecy, MADAME, eft plus que
fuffifant pour émouuoir la tendreffe de vos
affections royales enuers vos pauūres fub-

jets captifs : desquels les douleurs font fans
nombre, & la mort continuelle dans l'en-
nuy d'vne fi douloureufe vie. Et ce qui eft
pire, & au delà de tout ce qui fe peut dire &
exprimer, eft que nous fommes dans le
danger éminent de défaillir de la Foy, &
perdre l'ame apres le corps, le falut apres la
liberté, fous l'impatience de la charge fi pe-
fante de tant d'oppreffions, qui s'exer-
cent iournellement en nos perfonnes, fans
aucune confideration de fexe ny de con-
ditió, de vieil ou du jeune, du fort ou du foi-
ble : au contraire celuy qui paroift delicat,
eft reputé pour riche, & par confequent
plus mal traitté, afin de l'obliger à vne rançon exceffiue, par lui ou par les fiens, ou par
ceux que le Ciel infpire aux actions de pieté
& charité, efquelles voftre Majefté s'éxerce
iournellement; ce qui nous fait efperer, en
bref la liberté fi chere que nous implorons
fans ceffe, jettans continuellement des foû-
pirs au Ciel afin d'imperrer les graces fauo-
rables pour la conferuation de voftre Majefté, & de noftre Roy fon cher fils, deftiné
de Dieu pour fubiuguer cette nation autant
perfide que cruelle, y faifant renaiftre la
vraye Religion au grand fouhait de tous les

Catholiques, notamment de ceux qui languiſſent dans ce miſerable enfer d'Alger, vne partie deſquels ont ſigné cette requeſte en qualité,

MADAME,

de vos tres-humbles, tres-obeyſſants, tres-fidels ſeruiteurs & vaſſaux les plus miſerables de la terre, deſquels les noms ſuiuent ſelon les Dioceſes & Prouinces de voſtre Royaume.

LES NOMS D'VNE PARTIE
des Esclaues François detenus de present en Alger.

Euesché de Marseille.

Gille Dauin.
Estienne Oliuier.
Pierre Alleman.
Henry Dot.
Baptiste Dot.
Blaise Bonnet.
Nicolas Marseille.
Ambroise Frontin.
Louys Varagy.

Pierre Carboneu.
Gille Blandin.
Hugon Dalais.
Claude Seguin.
Barthelemy Rabau.
Pierre Charlot.
Iean Baptiste Caudiere.
Louys Dauin.

La Cieuta, Euesché de Marseille.

Iean escart.
Andre Martin.
Louys Negre,

Honoré Epanet.
Louys Iosseran.

Sifours, Euesché de Marseille.

Iean Rousse.
Louys guijou.
André Beausie.

Estienne Martin.
Laurent Audibert.

Le Cassis, Euesché de Marseille.

Iean Bringuiere.
Anthoine Bouuet.
Valentin Dalais.
Iean Bruniet.

Iacque Aluigre.
Raymont Dalais.
Louys Bremont.
Toussaint Michel.

Euefché de Toulon.

Iean Mofnier.	Iean Itruffau.
Iean Pomet.	Adam Brun.
Anthoine Taureau.	Simon Giraut.
Melchion Defcuje.	Louys Viou.
cuillaume battereau	Laurent Cadiere,
Sebaftien reboulle,	natif dudit lieu.
& fon Frere.	

Archeuefché d'Arles.

Paul Orlandj, fa femme & fa fille.
Barthelemy Sicar.
Michel Igoulem, natif de Bere.

Les Martigues, Archenefché d'Arles.

Alexandre Baudin.	Noel Bertrand.
Iofeph Vantre.	Efprit Bardy.
Efprit Mouuier.	Baltazar Goreau.
Berhardin Homber.	Hercule Lyon.
Aruieux Petit.	Iacque Remefat.

Archeuefché d'Aix.

Efprit Moiffonier.
Pierre Colonier.
Iean Fromen.
Pierre Morin dit la moler d'Agde.

L'Ar-

L'Archeuesché de Bordeaux.

Mederic Mondolet.
Iean Duuert natif de Liborne.

Euesché de Bayonne.

Iean Rauaillon.
Pierre & Iean de Gremont freres.
Marsan Daristigny.
Estienne d'Extebey.
Michel de Mendibouron.
Pierre de Chimildeguy.
Thomas Desuibar.
Iean de Mendibouru.
Dominic de Oládo.

Martin de Aquierre.
Ioannes de Frugeres.
Adame d'Alzate.
Estienne de Cigoua.
Martin d'Ihursu.
Pernanton de Gramont.
Dominic de Hirigoyen.
Vn nommé Estendeau Chirurgien.

Euesché de Xaintonge.

René du Chesne de Feolle.
Iean Arnoul de Ioujac.
Iean Guillaume du bour d'Aluel.
Iaques Lamour, dit crapaudiere, de S. Martin de Rez.
Thomas Iobiou.
Iaque Boulineau de Rochefort.
Iacques Auurar de la Rochelle.
Pierre Iacob de Munstren.
Guillaume du Tail de la Rochelle.
Iaque Ruibeau. Iean Pinert de la Rochelle.

L'Euesché de Lusson.

Iean Raboisseau.
Iacques Gilbert.

François Remeau.
Iean Geruis.

D

Alexandre Chatri.
François Viuant.
Iean Comet.
René Salouſt.
Noel Arnoul.
Iacque Cadou.
Samuel Fouchas.
Mathurin Godefroy.
Iacques Guillebot.
Iean Beauſot.
René Pineau.
Simon Mouſſion.
Iacques Moreau.
Lucas Douppe.
André Flos.
Le ſieur Perdreau.
François Giraudeau.
Iean le Camp.
Martin Prouet.
Mathurin Dorin.
Iacques Birou.
Iean Morgant.
Iacques Daueau.
Iacques Guillebet.
Berige Fournier
Iean Sebrin.
Claude Maſſé
André Cadou
François Belnou
Louys Morillon
Louys Boiſſar
Louys Bonneau

Louys Maridiu
Pierre Ragouet
Louys Triolon
Pierre Ioſſemet
Nicolas Sebrin
Iean Boiui
René du Cheſne, de la realle
René Bougrand de Tiré
André Chirot
Mathurin Roger
Lucas Millet
Pierre Chabot
François Rouleau
Iacques du Bois
Iean Rabouſeau
Pierre Pineau
Iacque Mourin
Alexandre Chatris
Michel Gouedy
René Fetiot
Iean Boiuin
Mathurin Courtet
Louys André
Nicolas Couſſon
Eſtienne Seruant
Pierre Dagueau
Philibert Reſton
Sebaſtien Galderat
Simon Pigeon
André Trioulon
André Querot

André Bruet.   Lambert Thibaudeau
Pierre Poirant   Iean Mauriet
François Fevre   Iacques Iacob
Isaac Moinart   Pierre Greblet
Iacques Martin   Pierre Chardrat
François Remant   François Giraudeau
Iean Bourneteau   Iean Martin
Mathurin Pigeon   Lucas Millet
Mathurin Roger   René le Breton
Iean le Breton   Iean Helie
Ruben Cheruortin   Christophle Mechin
Iean Courous   *Captifs de S. Gilles.*
Iean Cousine   Iaque Chantereau
Iean Caruereau   Isaac Renart.
Yuon Bournic   René Beneteau
Iulien Gareau   Pierre Soureau
André Paliet   Pierre Fouqueneau
Thomas Chabot   Louys Doucet
Vincent Augeat   Iacob Iossebert
Laurent Michon   Mathurin Callot

De l'Euesché de Poitiers.

Rouleau du Bourg.
Iacques Rouleau.
Oliuier Pignon.

L'Euesché de Nantes.

Iulien Chaulet.   Federic Trouchero.
Le Sieur Arnolet.   Francois Alençon.
Madamoiselle de sau-   Oliuier Bernard.
say, auec son frere   Iulien Bouiet.
& sa seruante.   Guillaume Tartois.

Guillaume le Corre.
Iean le Barbier.
Gille Violent.
Iean Tartois.
Pierre le Glasse.
Gabriel Garnier.
Gille le Comte.
Martin Bureau de Suferde.
Charle le Mercier de Saint donatien.
Louys Berger.
André Daniel du Poliquen.
Richard Bertou du mesme lieu.

Triftan Malleuan du mesme lieu.
Iulien Bouueret du Croifil.
François Brofant de Groffe.
chriftophle du nouet du Bout-neuf en Rez.
Pierre Bernard de la Plaine.
Marc Quefnot de S. Lazar.
Iean Riel du Croifil.
Thomas Creteneau.
Iean le Flos du Croifil.

Euefché de Rannes.

Pierre Secar de vitré,
Maiftre Iean Poitier
Guillaume Betet.

Vincent Gorec.
Thomas Thebeau.

Euefché de Vennes.

Guillaume Leniou.
Yuon Ioffé.

Yue Simon.
Machieu le Pilon.

Euefché de Leon en Bretagne.

Nicolas Carmeau.
François Perchecq.
Nicolas Feuant.

Iean Hugan.
Iaque Guillaume.
Nicolas Carmel.

Cornuaille en Bretagne.

Pierre Thariel.
Louys de Pontdauen
Iean Charle.
Pierre Terguet.
Yuon Biriol.
Iean Lescot Natif de brest.
Vincent Noel de Morlay.

Quimpercorentin en Bretagne.

Daniel Danouant.
Iaque le Mol.
Yuou Biriou.
Michel Carfandy de Cleran.
Iean Helie natif d'audierne.
Iean Legale.
Iean le Douaire de Porlan.
Laurent Porlan.
Michel Lemon d'audierne.

Sainct Brieu en Bretagne.

Gille le Teffier natif de Benie.
Berge le Roux.
Faançois Maffe.
Pierre Tefmoin.
Pierre Cheualier.
Eftienne Durand.
iean Hurly hirlandois, marié à Sainct Brieu.

Euefché de S. Malo.

Bertelot Aubert
Pierre Hubert
Iacques Vincent
Eftienne Heber
Iean de la Mare
Iean Maffé
Chriftophle Tainguy
François Pleffis
Rolain Garbé
Guillaume Gouffar
Guillaume Ofmont
Michel potier
Pierre Gourjeu
Iean Thomas
guillaume Leturat
Eftiehne garnier
Nicolas grignou de Cocalle

Thomas la Tuille de Pleurtuy	Germain Berlin
Iean de Noli de Pleurtuy	Iacques Rousseau
Iean Salomon, du mesme lieu	Gilles Aubry
Bertrand Mallet dudit lieu	Gilles Marié
Oliuier Morin de Langrobey	François Gallon
Richard Aget	Iean Hellebet de Dinan
Maistre Michel le Roy	Thomas Linche
Iean Renaut	Estienne Helbert
Guillaume Simon	Oliuier Choix
Alain Rochau	Pierre Gorieu
Iacques Rusin	Nicolas Ioanne
Pierre Bernard	François Dolieu de Dinan
Laurent Gaudion	Iean Aubert
	Mathurin Martin de Plouuet
	Iacques Vincent de S. Seruant

Euesché du Mans.

Iean Laudereau	Le Sieur Lasnier de la Flèche.
Iean Potiers	

Archeuesché de Rouen.

Anthoine Marchant du Haure.	Iean Buillauar.
Iean le Tardif.	Iacque Iouan.
Nicolas le Febure.	Iean Liuaror.
Pierre Bouquet.	Nicolas le Fier, tous du Haure.
Estienne de la Mare.	Nicolas Tellier.
Pierre Premois,	Iean Fõtaine de Fecã

Robert Bonhomme.
Pierre Saloé.
Dauid Aubry.
Salomon Moitier
Robert Bonhomme

tous de Dieppe.
Iean Tabar.
Daniel du Puis de
Quilbœuf.

Euefché de Lifieux.

Guillaume & Alexandre potier, freres.
Pierre Reftoit de
Honfleur,
auec deux autres
dudit lieu.

Abraham Safrey &
fon compagnon
de Vateuille.
Iean Poiteuin, de
Bayeux.

L'Euefché de Coutance.

Iulien Coftantin.
Louys ninfroy.
Guillaume Molar.
Gille Heruy.
Fleury Hernieux.
Noel Roger.
Iean Roux.
pierre Tancrel.
Michel Mourant.
Simon Carouge.
Nicolas Hué.
Hurfin de la Caude.
Gille Boiuin.
Michel Bouin.
Guillaume le noble.
Iean Tancret.
pierre Cotel.
Iean Gaué,

Louys Helene.
Michel Iaque.
Richar Taurel & fon
Frere pierre.
Guillaume Morant.
Guillaume Ridé.
André Verel.
Iean & philippe
Chardo.
Iean groudy.
Iean Romy.
Charle Vieux,
Pierre de videeau.
Eftienne Durant,
pierre heruieu.
Iean & pierre Roux
freres.
Iacque Berron.

Martin Helene.   Iulien le Vicomte.
Noel Efné.   Robert Heron.
Michel Hué.   pierre Briou.

Boulongne.

Iean petit.   Iacob Bouclet.

Calais.

Ieanne prud'homme.
iean petit du Conrgain.

Amiens.

Michel Courfier d'Argieourt.
iean Soubites, d'Abeuille.
Guillaume Seruin, d'Amiens.

Paris.

Eftienne Richou natif de Champigny
    ptés Sainct Maur.

Orleans.

Le Sieur Filaud, auec fes deux jeunes enfans
    de Sainct Benoit prés Orleans.
Philippe Poirier d'Orleans.
Pierre Blandin dit Sainct Hilaire, natif de
    Meum fur Loir.
Charle Plotart d'Orleans.

Reims.

Sebaftien Colar de Chafteau-Renaut.

Sens.

Le Capitaine de la Tour de Courpon.

Chartre.

Louys Iouffet de Vendofme.

Auxerre.

Iean Paris, natif de Benes.

Pierre Girard de Saincte Colonge prés la
ville de Lyon aagé de quatre vingts ans
fort miserable & digne de grande compaſſion.

Ieanne Taſſe de Gaue, Euesché de Grace,
femme fort tourmentée pour la conſerua-
tion de ſon honneur.

Iean Labuſquet de Miradoux prés Thou-
louſe.

Captifs de la Religion.

Gabriel Chaillou.	Michel Morſan
Iean Beau.	René Saumonneau,
autre Iean & Iacques	Bertran Cottu.
Beau.	Iſaac la Louhe.
Elie du Broys.	Iean Arnaut,
Pierre Menigau.	François Dirgon.
Tobie Gayet.	Pierre Iacquau.
Iean Fournier.	ıean pelaud.
Pierre Cheſteau.	ıean Caſſamart.
Pierre Geulet.	André paille.
Abel du Lacq	Iacob Ioubert.
Gabriel Eſcubart.	Iacob Boucle.
Iean Bedard.	Guillaume Collonier.
Elie Chirion.	Salomon Motié.
René Dabin.	Dauid Aubril.
Pierre Boutin	ıean pinert.
Iean Guillan	

Catalogue des Chrestiens rache-ptez en la ville d'Alger en Barbarie l'an 1643.

Et arriuez à Paris le 20. Septembre de la mesme année.

QVentin Vatel Parisien de la parroisse de saint Leu Sainct Gilles.

Michel de la Ville aussi parisien de la mesme paroisse.

Le Sieur Iaques Rocher de Molainuille natif d'Orleans.

Le Sieur Iean Barbier de Rouen.

Le sieur Descures, de Rouen.

Thomas Moisson de Dieppe.

Iean Tremois d'Honfleur.

Iean Guillaume de Poitiers.

Le Sieur des Bois de la Fleche.

Iaque Pillar de la Rochelle.

Thomas Barré de Sainct Vailly en Caux.

Iean Millet de Granuille.

André poiret de la garenne de Sainct Euroux en Normandie.

Pierre Bouin dit la Cour de Limoges.
Louis Audiere d'Olleron.
Le Sieur Martin d'Aruftiguy de S. Iean de Lus.
Le Sieur du Saufay de Nantes.
Le Sieur des Croix de Sainct Malo.
Le Sieur Auzerel de la Rochelle
Le Sieur Breton de Sainct Malo
Iean Carol dit la croffe de Sainct paul de Leon
Le Sieur iean Arfon de Sainct Malo
Le Gouuerneur de Sainct Malo
Pierre le Moyne de Sainct Malo qui mourut
   fur mer au retour
Philippe Rapion de Nantes
Guillaume Parcot de Sainct Brieu
Iacque de Beaubras, de Sainct Malo
Yuon cheualier de Sainct Malo
Ioachim le Breton de Sainct Malo
Nicolas Hervé, de Sainct Malo
Simon Pierre de Sainct Malo

Anthoine Quinfon.	François Guez de digne
Louis Ralbaton.	Iean Faure d'Arles
François du Montet.	Paul Orlandi de la mefme
Charles Nattes.	ville
Anthoine Lieutaut.	Iacque Treal de Morlais
Maiftre Vincent	Pierre Botmet de Morlais
Alexandre Goiram	Dominic de Hyriad de
Iean Martin	Bayonne
Pierre Rouland, tous	Zacharie coline d'Ollone
de Marfeille	Iean Laurent auffi d'Ol-
	lone.

 Les fufdits Captifs ont efté racheptez par le
R. P. Lucien Heraut de la Congregation re-

formée de l'ordre de la saincte Trinité & Redemption des Captifs: lesquels ont esté veus & receus solemnellement & processionnellement des principales villes de ce Royaume, comme il appert par les attestations des Illustrissimes & Reuerendissimes Prelats de Thoulouse, Agen, Poictiers, Tours, Orleans, & Paris. Ils arriuerent processionnellement en cette derniere ville capitale du Royaume le 20. Septébre dernier par la porte de sainct Anthoine, & allerent droit à la paroisse de S. Geruais, où fut celebrée la saincte messe solemnellement en actions de graces: & le lendemain jour de sainct Mathieu, ils furent conduits en bon ordre de l'Eglise de S. Martin des Champs en la paroisse de S. Leu. S. Gilles, où fut dite & celebrée solemnellement la saincte messe & la predication, comme il appert par l'attestation suiuante tirée de l'original de Monsieur le Curé dudit lieu, Vicaire General & Official de monseigneur l'Archeuesque de Paris.

ANdré du Sauslay Prestre, Docteur és droits, protonotaire du S. Siege Apostolique, Curé de l'Eglise de S. Leu S. Gilles à Paris, Vicaire General & Official de Monseigneur l'Archeuesque dudit lieu, sçauoir faisons que le Lundy 21. de Septembre, le pere Lucien Heraut & ses assistans Religieux de la saincte Trinité & Redemption des Captifs, estans depuis peu arriuez de Barbarie conduisans cinquante Esclaues, sont venus par nostre licence & permission processionnellement, & ont esté solemnellement receus par

noſtre Vicaire & autres Eccleſiaſtiques en noſtre
Egliſe de S. Leu S. Gilles : où ils ont celebré la
grande Meſſe, & fait faire exhortation au peuple
qui s'y eſt trouué én grande affluence, & a receu
grande edification de cette action. En foy dequoy
nous auons ſigné ces preſentes de noſtre main ce
24. Septembre. 1643. Signé du Sauſſay.